À Gabrielle,

Merci à Marie-Dominique de Teneuille,
Catherine Marquet, Hugues Charreyron
et Annick Duboscq

Dans la même collection
Mon petit Orsay
Mon petit Louvre
Mon petit Picasso
Mon petit Guimet
Mon petit Cluny

Conception graphique
et mise en pages :
Chloé Bureau du Colombier
Photogravure :
I.G.S.
Impression :
Imprimerie Mame

En couverture :
Bleu de ciel, Vassily Kandinsky (détails)

Marie Sellier

Mon petit centre Pompidou

Centre Pompidou
rmn

Posé en plein cœur
de Paris comme une grosse
boîte transparente,
le centre Pompidou
est une énorme machine
joyeuse où l'art se fait, se fête
et se montre en fanfare.
Ce musée incroyable,
que le monde entier
vient visiter, porte le nom
du président de la République
qui osa dire « oui »
à cette folie colorée.

Pour le visiter, il faut prendre
la chenille transparente
qui grimpe tout en haut,
au-dessus des toits de Paris,
et surtout revenir souvent.
Car ici, les œuvres ont
la bougeotte : elles vont,
viennent, disparaissent
et reviennent.
Au centre Pompidou,
l'art est en mouvement.
Il y a toujours du nouveau
à découvrir.

il y a

... un acrobate bleu

C’est un homme élastique,
un homme hélice, bleu lisse,
un acrobate à quatre pattes,
deux jambes, deux bras dans le désordre,
qui s’élance en collant bleu, et roule, roule,
bouche ouverte, cou tendu,
sur une piste grise.

C’est une boule de muscles qui se propulse dans le ciel triste.
On ne fait pas plus souple que lui, il est le mouvement même.
Après avoir fait quelques essais, Picasso l’a dessiné d’un seul trait,
et l’a rempli de ciel bleu gris.

L'acrobate bleu
Pablo Picasso
1929

il y a ... un rhinocéros vernis rouge

Je suis un rhino,
rhinocéros de choc
en poly,
polyester bien dur.
J'ai deux cornes sur le nez
comme mes cousins africains.
Mais moi je ne suis pas gris :
je suis rouge et vernis,
avec une petite queue bien droite
en forme de pinceau.

Je suis rhinofensif, rhino tout lisse, policé,
pas féroce, juste un peu snob : avant d'habiter à Paris,
je vivais à New York dans la vitrine d'un grand couturier.

Le rhinocéros
Xavier Veilhan
1999-2000

il y a ... un cheval vert

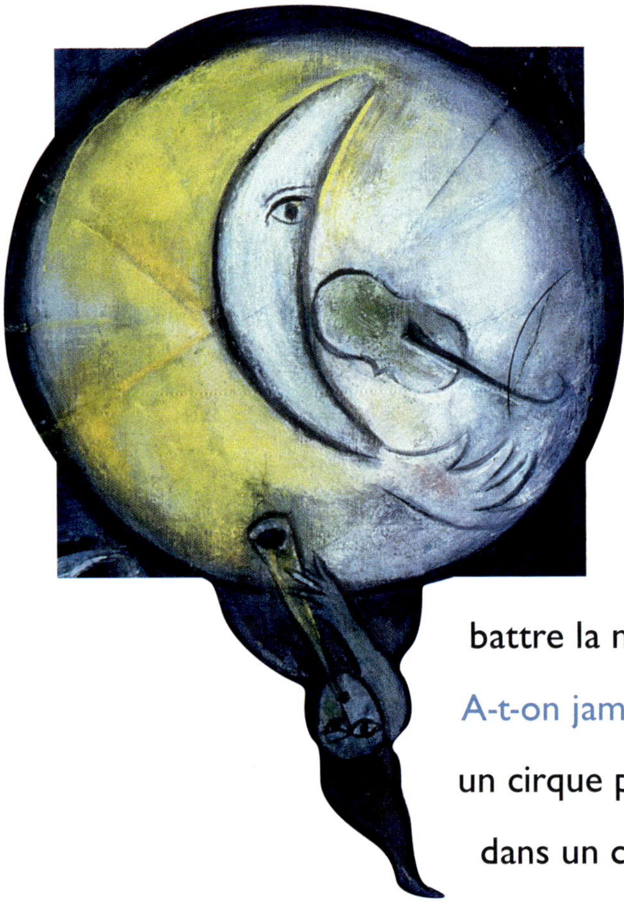

A-t-on jamais vu, verra-t-on jamais
un cheval tout vert
faire les yeux doux à une trapéziste ?
A-t-on jamais vu, verra-t-on jamais
un croissant de lune
jouer du violon dans un soleil rond ?
A-t-on jamais vu, verra-t-on jamais
un poisson volant
battre la mesure en lançant des fleurs ?
A-t-on jamais vu, verra-t-on jamais
un cirque pareil
dans un ciel bleu nuit ?

Le cirque bleu
Marc Chagall
1950

il y a ... une roue de bicyclette

Une roue de bicyclette,
sur un tabouret blanc !
L'art vite fait,
voilà ce qui plaît
à Marcel Duchamp.

Roue de bicyclette
sur un tabouret
Marcel Duchamp
1913-1964

il y a ... du monde dans le ciel

Le ciel de Kandinsky est si bleu
qu'on peut y voir des hippocélestes
et des fifis belle dame,
des rats tire d'aile
et des vols au ver,
des cancrelettes sauteuses
et des croupions volants,
des chats percheurs
et des éléphantocs,
des tortulettes
et des linottes à réaction,
et parfois même
de beaux spécimens
d'aérototos.

Bleu de ciel
Vassily Kandinsky
1940

il y a ... des corps mêlés

Qu'est-ce que c'est ?

Un match de catch, une bagarre,

un tremblement de terre ?

Non, pas du tout !

Ce sont des nageurs dans une piscine américaine.

Quelle cohue ! Fernand Léger n'en croit pas ses yeux.

Voyons, combien sont-ils ? Peut-on les compter ?

1 bleu + 1 jaune + 1 vert

+ 1 brun + 1 orange + 2 noirs,

ça fait sept corps de baigneurs.

Sept corps entiers, c'est tout ?

Mais alors le reste, c'est quoi ?

Des flaques de couleur

ou des baigneurs sous-marins ?

Les grands plongeurs noirs
Fernand Léger
1944

il y a … un piano silencieux

Chut, pas un bruit !

Approchons-nous tout doucement

du grand piano de concert

enveloppé dans son manteau de feutre gris.

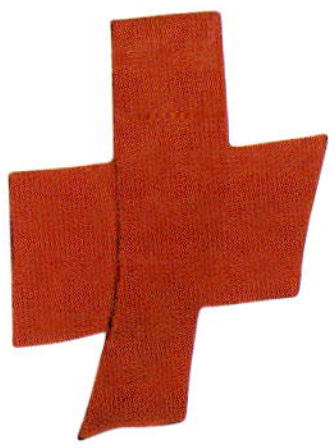

Est-ce un piano malade

recueilli par la Croix-Rouge ?

Un piano qui a attrapé froid

en jouant trop de nocturnes ?

Un piano qui a mal au do ?

Comme c'est étrange, un piano sans notes

ni gammes ! C'est encombrant et insolite

comme un éléphant dans un studio

d'enregistrement.

Infiltration homogène pour piano à queue
Joseph Beuys
1966

il y a ... deux poissons rouges

Deux poissons rouges, à Paris,
s'ennuient dans leur bocal.

Ils attendent Marguerite,
Marguerite qui les nourrit.
Mais Marguerite ne vient pas.
Elle est partie se promener.
Alors ils rêvent d'un grand plongeon
dans la Seine jolie pour se promener
à leur tour le long des quais de pierre
et peut-être encore plus loin,
pourquoi pas jusqu'à la mer ?

Le bocal
aux poissons rouges
Henri Matisse
1914

il y a ... la mer infinie

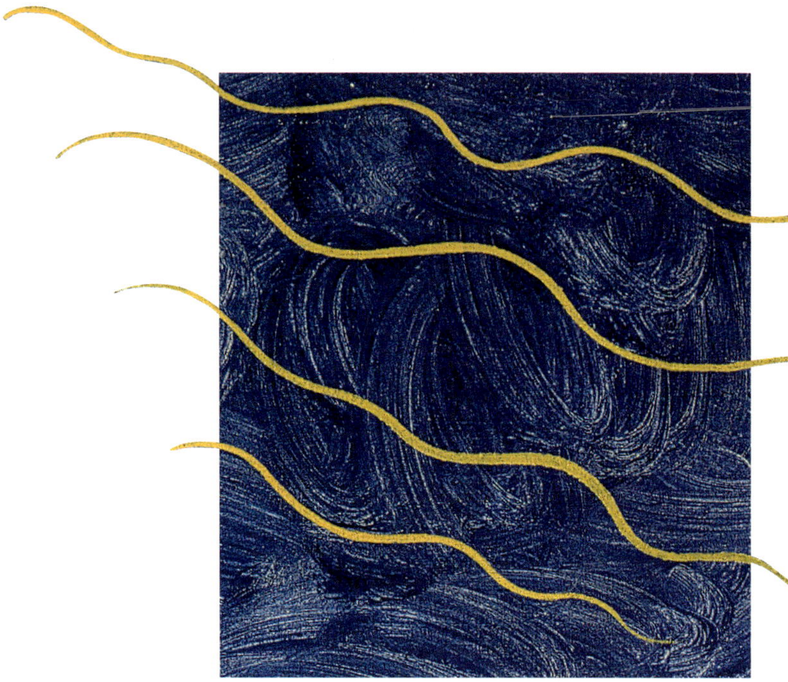

C'est la nuit sur la mer infinie
et la baigneuse prend son bain de minuit
sous un filet de lune.
Elle est transparente et menue comme un fil.
Ses cheveux d'or flottent dans la brise.
Elle entend les messages et les ondes radio
qui se répercutent dans le bleu de la nuit.
Un petit poisson nage vers la sortie.
Bientôt, il sera temps d'aller se coucher.

La baigneuse
Joan Miró
1924

il y a ... André

Ah non vraiment, il n'a pas l'air commode,
André, avec son front plissé,
sa bouche grillagée et ses yeux furibards.
Pour faire son portrait,
Dubuffet a tout mélangé :
du noir et de la cendre,
du blanc et de la suie,
du sable et de la peinture abricot...
Ah ça, il ne l'a pas raté, André !
On a l'impression qu'il dit : « Taisez-vous !
Arrêtez de faire du bruit, je ne peux pas travailler. »
Car André est écrivain.
Mais à le voir, qui pourrait croire qu'il écrit
de merveilleux livres pleins de rêve et de poésie ?

Dhôtel nuancé d'abricot
Jean Dubuffet
1947

il y a ... un méta-mécanique automobile

À l'arrêt, il a l'air plutôt sage,
le méta-mécanique automobile de Tinguely.
Mais quand son petit moteur
se met en marche,
il fait clic, il fait clac, il ronfle, il racle,
et dans un grand bruit de quincaillerie,
il se trémousse, se balance, se gondole
de toutes ses tôles peintes.
Il est à lui tout seul
un grand éclat de rire,
en jaune, en rouge, en bleu,
et en roues libres.
Un joyeux carnaval mécanique
qui enchante et met de bonne humeur.

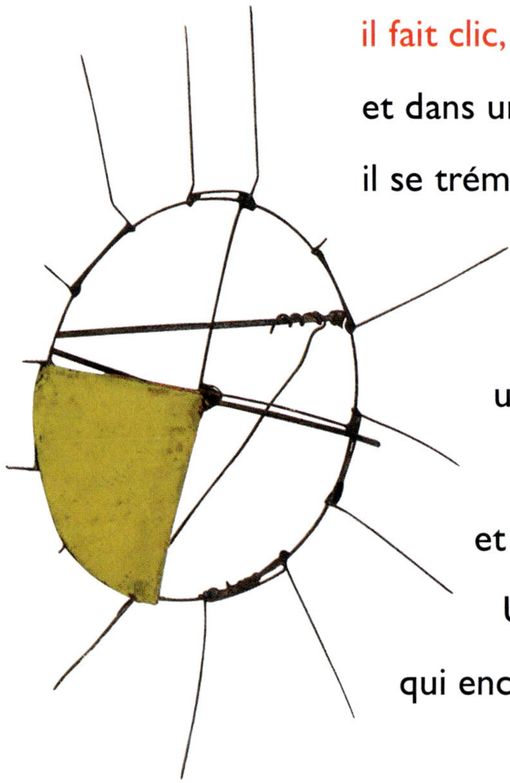

Méta-mécanique automobile
Jean Tinguely
1954

il y a ... un magasin bien plein

Avant d'être au musée,

le magasin de Ben était,

comme tous les magasins,

dans une ville, dans une rue,

et plus précisément à Nice,

36 rue Tondutti de l'Escarène.

Ben y vendait des disques à tous les prix.

Et puis un jour, on a démonté son magasin

et on l'a transporté à Paris.

Maintenant, on n'y vend plus rien,

on n'y entre même plus,

on l'admire, on le lit et on sourit

car Ben est le roi du graffiti.

Le magasin
Ben
1958-1973

il y a ... un coup de poing

C'est un grand, un énorme coup de poing,
un coup de poing de presque deux mètres de long
qui surgit dans la nuit et frappe.
Ouh ! Un direct dans le plexus.
Je suis KO, je vois 36 chandelles.
Mais lorsque les lampes se rallument,
surprise ! Le coup de poing disparaît.
Je découvre un bras en cire suspendu à deux fils.
Il a perdu sa belle couleur verte,
et pourtant, c'est bien le même :
pâle et insignifiant le jour,
phosphorescent la nuit !

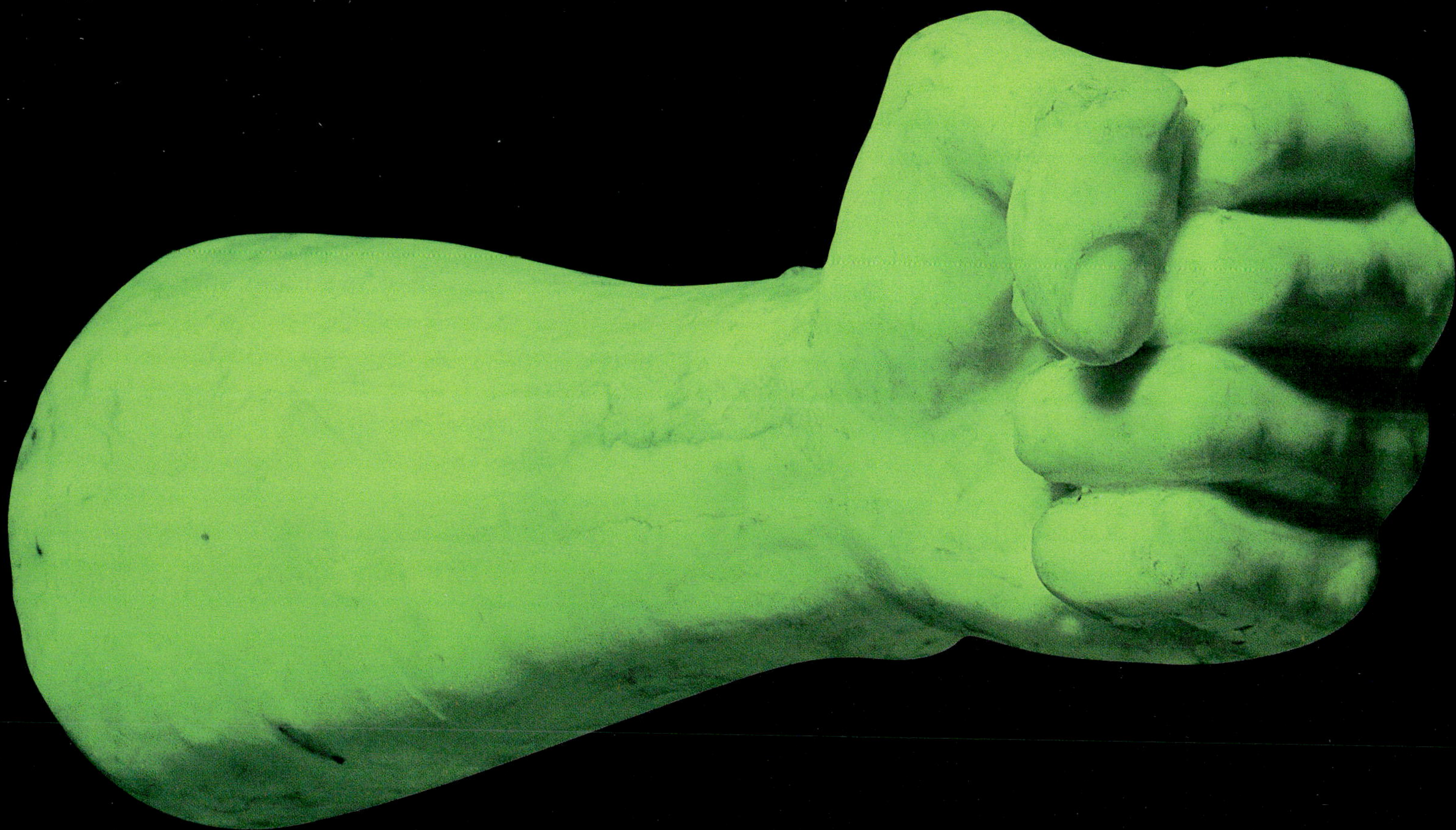

Poing phosphorescent
Gilberto Zorio
1971

il y a ... quelque chose qui cloche

Assis ou debout, il faudrait savoir !

Mais avec Magritte on ne sait jamais.

Car Magritte s'amuse sans en avoir l'air,

et se joue de tout d'un air très sérieux.

Il cache bien son jeu, Magritte, comme ce monsieur

à chapeau melon qui lui ressemble un peu.

Mais dites-nous, Monsieur,

si vous êtes assis quand vous êtes debout,

êtes-vous debout quand vous êtes assis ?

Êtes-vous tout nu quand vous êtes habillé ?

Êtes-vous chez vous

quand vous êtes dehors ?

Êtes-vous là tout simplement ?

Personnage assis
René Magritte
1953

il y a ... une douche froide

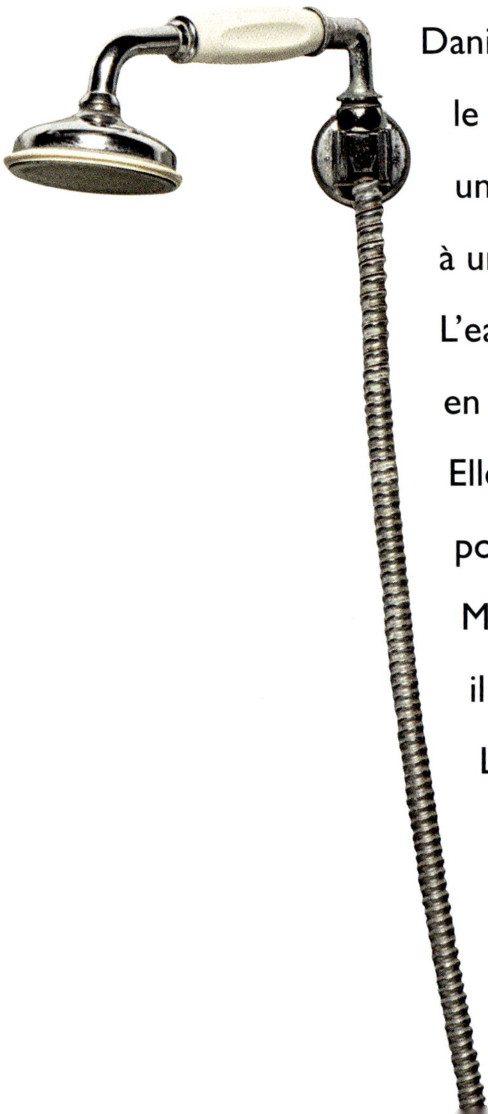

Daniel Spoerri est un fameux plombier,
le seul, assurément à savoir raccorder
un torrent de montagne
à un robinet de salle de bain.
L'eau y arrive directement des glaciers
en chantonnant à travers la vallée.
Elle est pure et fraîche, idéale
pour une bonne douche de santé.
Mais si vous voulez de l'eau chaude,
il faudra attendre les beaux jours.
Le cumulus est en panne !

La douche
Daniel Spoerri
1961

il y a ... un manteau bout de ficelle

C'est un manteau-cocon,
comme une seconde peau,
qui ressemble à une vaste demeure
avec ses nombreuses pièces,
ses cagibis sombres,
ses escaliers bout de ficelle,
qui montent et qui descendent,
ses tapis de coco effrangés et ses hublots
comme des yeux grands ouverts.
Un vrai labyrinthe où l'on peut se perdre,
comme Étienne Martin,
lorsqu'il était petit,
dans la maison chérie
de son enfance.

Le manteau
Étienne Martin
1962

il y a ... des enfants de bois

« Pourquoi, demandent les enfants de bois,
pourquoi avons-nous faim ?
Pourquoi n'avons-nous pas de maison ?
Pourquoi nous fait-on travailler
au lieu de nous envoyer à l'école ?
Pourquoi sautons-nous sur des bombes ? »
Cloués sur leur planche de bois,
les enfants de bois nous fixent
de leurs grands yeux.
C'est nous qu'ils interrogent.
Mais nous, nous restons sans voix,
car nous ne savons
pas leur répondre.

Enfants interrogateurs
Karel Appel
1948

il y a ... un cheval nain

« Attention, mesdames et messieurs,
la représentation va commencer !
Calder, le grand tournicoteur, le roi du fil de fer,
prince du mobile et magicien de l'immobile,
vous présente Prosper, le fabuleux cheval nain,
pas plus grand qu'un chien ! »

Mais Prosper ne veut pas entrer en piste,
il a les jambes qui flageolent.

« J'ai le trac, monsieur Calder,
c'est plus fort que moi.
S'il vous plaît, oubliez-moi.
Je préfère rester
tranquille, tout seul,
dans les coulisses. »

Le petit cheval
Alexander Calder
1926-1940

Tu peux retrouver le rhinocéros rouge,

le coup de poing et le cheval nain au centre Pompidou.

Le centre est ouvert tous les jours sauf le mardi

de 11 heures à 22 heures, et pour toi c'est gratuit.

Crédits photographiques :
© photo CNAC/MNAM Dist. RMN
© droits réservés : p. 25, 29, 33, 35, 43
© Jacques Faujour : p. 19
© Georges Meguerditchian : p. 11
© Philippe Migeat : p. 9, 13, 15, 17, 31, 37, 39
© Jean-Claude Planchet : p. 23
© Bertrand Prévost : p. 27
© Adam Rzepka : p. 21, 41

© Centre G. Pompidou, Bibliothèque Kandinsky,
photographe Georges Meguerditchian : p. 6-7

Dépôt légal : mars 2007
ISBN 978-2-7118-5160-7
JK 29 5160

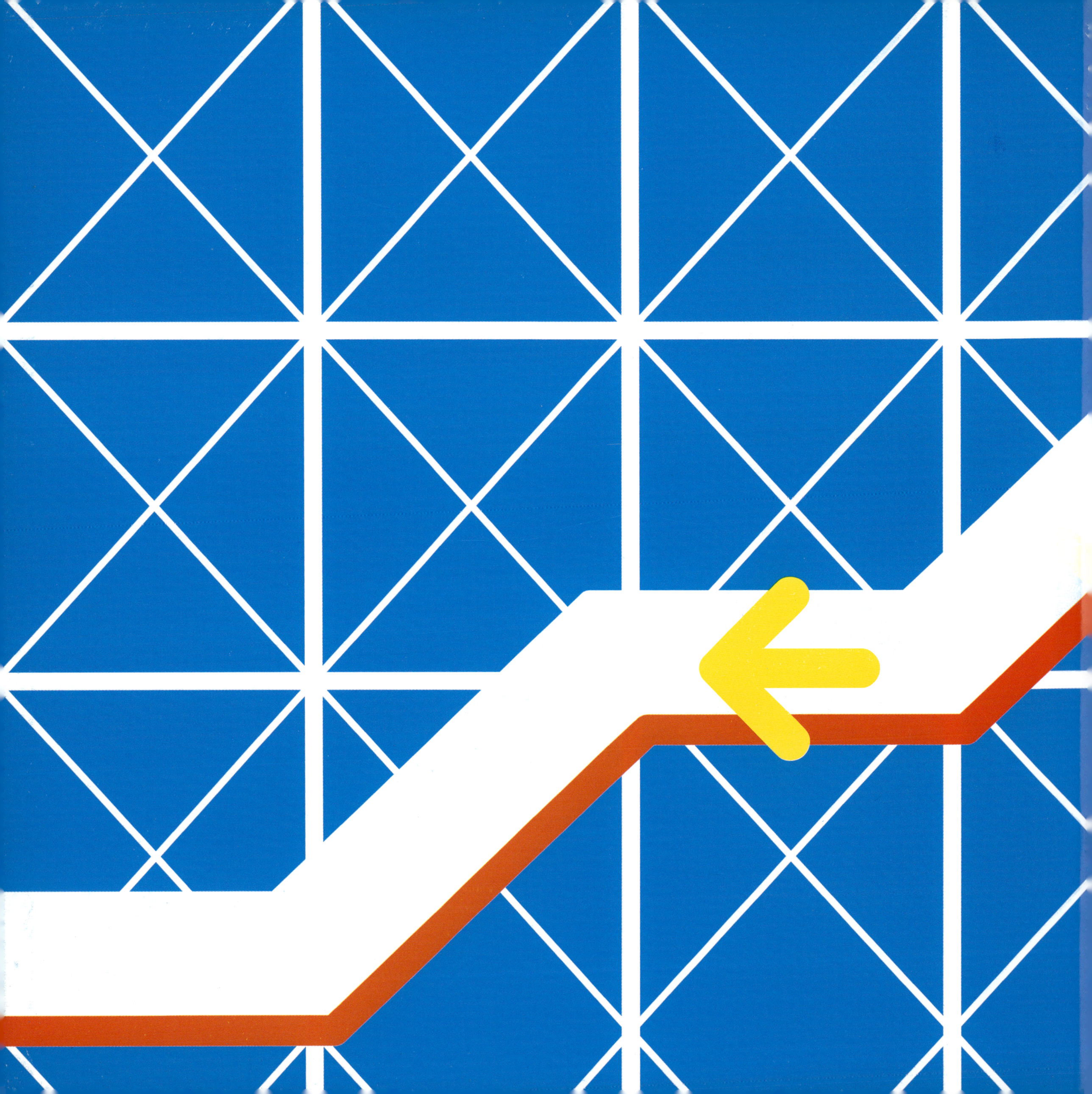